AF467474

RÉFLEXIONS
D'UN FRANÇAIS

QUI CHÉRIT

L'HONNEUR ET SA PATRIE.

PARIS,

CHEZ LES MARCHANDS DE NOUVEAUTÉS.

1815.

DE L'IMPRIMERIE DE FR. MISTRAL.

PRÉFACE.

« J'AVAIS commencé cet ouvrage il y a trois ou quatre mois ; les évènemens ont devancé mes vœux : j'arrive trop tard et je m'en félicite. Plusieurs passages de cet écrit ne seront donc plus applicables..... Mais quand il ne servirait qu'à nous faire haïr davantage la tyrannie d'où nous sortons, et à nous attacher au gouvernement qui nous est rendu, il ne me paraîtrait pas tout-à-fait inutile de le publier. »

(CHATEAUBRIAND.)

RÉFLEXIONS D'UN FRANÇAIS QUI CHÉRIT L'HONNEUR ET SA PATRIE.

CHAPITRE PREMIER.

DE NAPOLÉON.

Le Français quelquefois est léger et moqueur;
Mais toujours le mérite eut des droits sur son cœur;
Son œil perçant et juste est prompt à le connaître;
Il l'aime en son égal, il l'adore en son maître.

Volt. Disc. sur les évèn. de 1744.

Le peuple français porte-t-il cette légéreté qui lui est naturelle, jusqu'à changer à chaque instant son mode de gouvernement, décapiter ses souverains ou les déporter? Non; ce que les nations étrangères appellent les crimes de la France, n'est, le plus ordinairement, que le crime de quelques-uns. Des faits particuliers que nous développerons tout-à-l'heure, rendront cette vérité sensible.

Les Français se créent des maîtres, et ne se croient plus ensuite obligés de veiller eux-mêmes à leur propre conservation ; voilà la source de tous les maux qui les ont accablés. Ils crurent que la révolution qui s'opéra sous le règne de Louis XVI était nécessaire, et ils accordèrent un pouvoir presqu'absolu, pour la diriger, à des intrigans qui trompèrent leur confiance, et firent découler des maux innombrables, d'une source où ils croyaient puiser le plus précieux de tous les biens, *la liberté*.

Accablés sous le joug du despotisme et de la tyrannie, les esprits ne tardèrent cependant pas à sortir de cette espèce d'assoupissement où la confiance et la crainte les avaient retenus ; ils prirent l'essor, les tyrans pâlirent sur leur trône ; ils en furent renversés. Qui devait succéder à l'infortuné Louis XVI? sa famille!... Non ; trop de Français égarés par un fol enthousiasme républicain, avaient coopérés à la ruine de cette maison. On aurait eu tout à craindre de son ressentiment ; et peut-être même sa présence aurait-elle fait éclorre des divisions parmi le peuple, des guerres civiles. Il fallait cependant se choisir un chef qui eut assez de talens politiques et militaires, pour soutenir la France qui touchait à sa ruine. Bonaparte s'était fait remarquer par ses campagnes d'Italie, d'Egypte, par un sang-froid que jamais rien n'avait pu troubler, par un talent supérieur dans les négociations, enfin par l'amour et l'admiration de tout le peuple français; n'était-ce pas lui qu'on dévait choisir?

Ce fut donc entre les mains de Napoléon que furent remises les rênes de l'état. A l'instant même, la paix et la tranquillité reparurent au sein de la France; plus de divisions entre les familles, elles n'avaient plus qu'une même opinion, toutes ne voyaient que le bonheur dont elles allaient jouir. Les autels et les temples furent relevés, les ministres du Christ, si long-temps persécutés, reprirent enfin leurs majestueuses fonctions, et les yeux humides de pleurs, ils rendirent des actions de grâces au Tout-Puissant; ils chantèrent les louanges de Napoléon, ils le regardèrent comme l'envoyé de la Divinité.

Ce n'était pas tout; il fallait songer ensuite aux moyens d'assurer cette paix, ce bonheur, que les nations voisines n'avaient pas encore sanctionnés. Notre faiblesse fit espérer à nos ennemis, que la France était sur le point de succomber; ils savaient que nos caisses étaient vides et le peuple appauvri. Ils voulurent profiter de cet instant qui leur paraissait si favorable, pour nous faire acheter la paix, qu'ils n'avaient pas le droit de nous vendre. Mais nos cœurs étaient pleins des vertus républicaines ; nous rejetâmes les lâches propositions de nos ennemis, nous leur fîmes la guerre : Napoléon nous commandait : ils furent battus.

Mais, dira-t-on, lorsque Napoléon a vu tous les ennemis de la France forcés d'abandonner leurs prétentions, pourquoi ne s'est-il pas occupé du bonheur de son peuple, en le faisant jouir, au sein de la paix, du fruit de ses victoires? Pourquoi a-t-il cherché à élever ses frères ou ses parens, à la dignité royale? Pourquoi?...

Vous, qui me faites ces objections, réfléchissez un instant ; ne cherchez point à voir ce qui se passe au fond de votre cœur ; supposez, si vous le voulez, que l'amour de ses parens n'est plus une vertu dans le cœur d'un souverain, et il vous sera facile de répondre à toutes vos questions.

Napoléon était environné d'ennemis subjugués déjà plusieurs fois, il est vrai, mais toujours prêts à entreprendre de nouvelles guerres pour se venger. Il craignait, et ce n'était pas sans raison, de voir l'Europe entière se liguer contre lui; la France seule pouvait-elle résister? Eh! non; il fallait donc chercher à prévenir la chûte de l'Empire. En plaçant ses frères, ses parens sur les trônes d'Espagne, de Hollande, de Naples, en se placant lui-même sur celui d'Italie, et se ménageant celui de Suède, il croyait multiplier ses forces et se mettre dans le cas de résister au reste de l'Europe. Son espérance a été trompée; mais est-ce sa faute? N'est-ce pas celle de quelques lâches qui l'ont vilement trahi, lorsque leur ambition satisfaite n'a plus rien osé espérer de lui?

> « Rarement un héros connaît la défiance. »
>
> HENR. ch. II.

Jusqu'au moment où Napoléon a commencé la guerre d'Espagne, ses ennemis n'ont presque rien osé lui reprocher; ses brillantes campagnes, ses victoires éclatantes étouffaient les cris de l'envie, excitaient ceux de la reconnaissance et de l'admiration; mais à cette époque, quelques cabales se sont formées, quelques voix cagotes se sont élevées, et cette guerre a été regardée comme une violation de toutes les lois qui régissent les nations.

Vous, qui vous êtes déchaînés contre Napoléon, vous, qui encensez toujours celui qui vous paye, lâches et plats écrivains, connaissiez-vous les motifs qui portaient notre illustre monarque à faire la conquête de l'Espagne? Pensez-vous qu'il eut un autre moyen pour réduire l'Angleterre, (1) cette fière ennemie, qui viole tous les jours les droits des nations, en pillant nos marchands sur les mers, qui, dans tous les temps, nous a fait tous les maux possibles, non-seulement par ses armes, mais encore par celles des nations voisines qu'elle soldait? Les Espagnols ont souvent secondé ses projets contre nous; et, en politique, quiconque sert notre ennemi est le nôtre. Napoléon pouvait donc déclarer la guerre à l'Espagne, sans violer le droit des gens.

Mais je vais plus loin, et je soutiens que la guerre d'Espagne était non-seulement utile aux Français, mais aux Espagnols eux-mêmes. Une foule d'abus introduits dans leur gouvernement, par les moines qui y avaient une autorité trop grande, nuisaient singulièrement au développement des sciences. Et en

---

(1) J'ignore s'il était nécessaire de réduire les Anglais, pour que la France fût heureuse; mais je crois que Napoléon avait pris le seul moyen qui pût mener à ce but.

effet, quels progrès la philosophie a-t-elle fait chez ce peuple dont l'esprit est cependant susceptible des plus grandes choses? Aucuns. Des chaînes pesantes rendent esclaves toutes les facultés de l'âme; et si quelquefois la vérité fait luire son flambeau, à l'instant même l'inquisition allume ses bûchers, et le flambeau de la vérité disparaît comme une ombre. Voilà tout le bien qu'a produit

» . . . . Ce sanglant tribunal,
Ce monument affreux du pouvoir monacal,
Que l'Espagne a reçu, mais qu'elle-même abhorre,
Qui venge les autels et qui les déshonore,
Qui, tout couvert de sang, de flammes entouré,
Egorge les mortels avec un fer sacré;
Comme si nous vivions dans ces temps déplorables,
Où la terre adorait des Dieux impitoyables,
Que des prêtres menteurs, encor plus inhumains,
Se vantaient d'appaiser par le sang des humains.

HENR. ch. VI.

Que de grâces les Espagnols auraient à rendre à Napoléon, si ses efforts couronnés de succès, avaient pu les délivrer à jamais des inquisiteurs et de leurs bûchers! Ces moines scélérats jettent la terreur dans les familles; ils plongent indifféremment leurs poignards dans le sein des hommes, des femmes, des enfans, des vieillards;... ils ne savent rien respecter; leurs prisons sont vastes, tous les jours elles se remplissent, et tous les jours la faulx de la mort vient moissonner les innocentes victimes qui y sont accumulées.

Mais je reviens : vous qui accusez Napoléon d'avoir appauvri la France, par des impôts exhorbitans, dites-le moi, la France sous son règne était-elle donc plus misérable que sous celui de Louis XV, ou de Louis XVI? Vit-on jamais le commerce plus florissant, les sciences et les arts mieux cultivés que sous l'Empire de Napoléon? Il faut en excepter seulement ces années malheureuses où la coalition de toute l'Europe et la trahison de quelques misérables Français, nous ont mis à deux doigts de notre perte.

Quel est donc le souverain de la France qui a su fixer mieux les droits respectifs des particuliers, l'état des finances, et qui a su enfin nous mettre au-dessus de toutes les nations de l'univers? Serait-ce Louis XIV? Ce monarque était grand, ce serait même un héros parmi nos souverains, si Napoléon n'avait pas existé. Il a vaincu, ou mieux il a fait vaincre ses ennemis; mais jamais il n'a su si bien accorder les intérêts de son peuple et les siens, qu'il n'entendit la voix du pauvre qui demandait du pain, malgré les cris de victoire et de triomphe dont ses oreilles étaient frappées.

On a dit que l'armée de Napoléon avait commis des cruautés en Espagne (il est à remarquer que les Espagnols excités par leurs exécrables moines, se sont les premiers portés à des excès); et Louis-le-Grand, livré à tous les plaisirs d'une cour voluptueuse, n'ordonna-t-il pas à deux reprises différentes l'incendie de tout le Palatinat?

Ces deux grands hommes diffèrent cependant l'un de l'autre: Napoléon dresse tous ses plans lui-même, commande ses armées en personne, conduit ses soldats à la victoire. Louis-le-Grand ne s'exposa jamais, les lauriers qui couronnaient son front avaient été cueillis par ses généraux; et de vrai, tous ses exploits militaires se bornent à deux ou trois siéges, dans lesquels sa vie ne fut jamais en danger; il ne s'y rendait d'ailleurs, que lorsque *Vauban* qui les avait dirigés, lui avait répondu du succès de l'entreprise.

On a dit encore: Napoléon après avoir pacifié la France, aurait dû rappeler la famille des Bourbons sur le trône; c'est ainsi qu'il aurait, d'une manière plus sûre, inscrit son nom sur les tablettes de l'immortalité, et il n'aurait pas ajouté au nom de héros, celui d'usurpateur..Je l'ai déjà dit, la famille des Bourbons, à cette époque, avait trop d'ennemis en France, aujourd'hui même, elle en a trop encore ; mais je suppose, pour quelques instans, qu'une moitié de la nation désirât la famille des Bourbons, et que l'autre moitié lui préférât Napoléon ; était-ce une raison pour que ce grand homme qui avait tant fait pour la France, abandonnât ses prétentions au trône, les sacrifiât à des personnes qui, sous tous les rapports, lui étaient étrangères ? En montant sur un trône où il était appelé par la nation qui l'avait rendu vacant, devait-il craindre d'être un jour regardé comme un usurpateur ? De quel droit les Bourbons pouvaient-ils se dire les souverains légitimes du peuple Français ? Etait-ce parce que depuis grand nombre d'années ils portaient une couronne que *Hugues Capet* avait usurpé sur les *Carlovingiens* ? Eh non ! cette raison n'est pas soutenable. Tout le monde sait aujourd'hui qu'il n'y a d'autre souverain légitime, que celui que le peuple lui-même s'est choisi : Hobbes dit avec raison, *qu'il n'y a point de souverain que tel de notre consentement.* (1)

S'il est vrai que les Capets ont été après leur usurpation légitimée par la volonté du

(1) HOBBES, Élém. de politique, trad. de DU VERDUS.

peuple tacite ou exprimée, il est vrai aussi que l'avènement de Napoléon au trône a été sanctionné par la volonté du peuple.

Les Rois sont créés par les peuples et pour leur bonheur ; aussitôt qu'ils ne remplissent plus cette indication, ils peuvent être, sans crime, chassés ou détrônés par le peuple qui les créa : ainsi la révolution française est légale, si elle était nécessaire ; ainsi l'avènement de Napoléon au trône est légal, parce qu'il y a été appelé par un peuple parfaitement libre ; ainsi son abdication est illégale, parce que ce n'est pas le peuple qui l'a demandée. Il n'en était pas de même du rétablissement des Bourbons ; le peuple était asservi ; et celui qui voudra prouver que Louis XVIII était le souverain légitime des Français, doit prouver auparavant qu'il était sur le trône par la volonté du peuple, et point du tout par la puissance des baïonnettes ennemies, ce qui sera difficile.

Au reste

« Un soldat peut justement prétendre
A gouverner l'Etat quand il l'a su défendre;
Le premier qui fut roi fut un soldat heureux :
Qui sert bien son pays n'a pas besoin d'aïeux. »

Mérope, *act.* I.er

CHAPITRE II.

DE LA NOBLESSE.

Les mortels sont égaux ; ce n'est point la naissance,
C'est la seule vertu qui fait leur différence.
Il est de ces esprits favorisés des cieux,
Qui sont tout par eux-mêmes et rien par leurs aïeux.

Le Fanat. act. I.er

Les nobles sont trop multipliés en France, ils le sont plus encore en Allemagne. Le premier souverain qui s'avisa de rendre la noblesse héréditaire, fit en cela une grande faute, c'était dispenser les enfans de marcher sur les traces d'un père vertueux ou courageux.

Combien de gens qui ne sont nobles que parce qu'ils possèdent de vieux parchemins que leurs aïeux avaient obtenus pour récompense de leur bravoure ! ...

Depuis long-temps les nobles ne forment en France qu'une classe dont le moindre défaut est d'être inutile à l'Etat. Sous le gouvernement de nos rois, ils étaient exempts de tous impôts; ils étaient pleins de vices, et ils méprisaient le peuple!...

Tous les seigneurs de village étaient de petits tyrans, qui commandaient et commettaient des injustices au nom du Roi! Ils s'enrichissaient, eux qui ne faisaient rien, du fruit des travaux du malheureux laboureur qu'ils insultaient à chaque instant.

Habitans des campagnes, vous vous rappelez encore ces temps d'esclavage où vous gémissiez sous la verge de ces tyrans. Rien ne vous appartenait; vous n'aviez pas même le droit de défendre l'honneur de vos femmes et de vos filles. Si de sévères principes de vertus les faisaient se refuser aux offres ou aux volontés du noble débauché, vous en étiez les victimes..... Je n'achèverai pas ce tableau; il réveille toute votre indignation.

Oui, j'ose l'assurer, si l'ancienne noblesse ne s'était jamais écartée des strictes lois de l'honneur, nous n'aurions pas eu à pleurer sur tous les maux dont la France a été si long-temps accablée; si le peuple n'avait pas trouvé dans les nobles des maîtres durs, insolens, orgueilleux, jamais il n'aurait songé à se soulever; jamais, non jamais il n'aurait commis les crimes atroces dont on l'accuse.

Un abus de l'ancien gouvernement, je veux dire de celui de nos rois, c'est qu'il y avait un grand nombre de places distinguées, auxquelles le roturier, quelque capable qu'il fût de les remplir, ne pouvait prétendre. C'était mettre des entraves au génie, c'était empêcher les grands talens de se développer, c'était empêcher, en un mot, le bien de l'Etat. Sous le règne de Napoléon, tous les hommes naissent égaux, tous ont les mêmes droits; les qualités morales seules marquent à chacun son rang ou sa place. Le fils du cordonnier, plein de savoir et de talens, peut espérer de se voir un jour assis sur le même tribunal où les fils des nobles et des rois ont siégé si long-temps.

« Rien n'empêche qu'on ne soit un bon juge, un brave guerrier, un homme d'état habile, quand on a eu un père bon calculateur. » *Volt.*, *Mélang. de litt.*, *ch.* 64.

Mais cette ancienne, cette ridicule noblesse, qui pensait avoir tout à espérer de la libéralité et de la reconnaissance de Louis XVIII, qu'a-t-elle fait pour espérer, pour exiger autant? Ne s'est-elle pas, à l'époque de la révolution française, avilie pour jamais par sa lâcheté ou par son ineptie?

Lorsque des poignées de factieux sortis de

la lie du peuple, voulurent achever une révolution, que des têtes sagement organisées avaient préparée depuis long-temps, n'était-ce pas aux nobles de se montrer, ne devaient-ils pas anéantir les factieux, régénerer le gouvernement, défendre et conserver leur Roi? Le pouvaient-ils?.... S'ils ne l'ont pas pu, c'est leur faute encore. Pourquoi ont-ils constamment tyrannisé le peuple? pourquoi, au lieu de s'attirer sa haine, n'ont-ils pas cherché à mériter son amour?

Les lâches!.... lorsqu'ils ont vu dans ces dernières circonstances Louis XVIII placé sur le trône français, par les ennemis de la Patrie, ils se sont approchés, ils ont demandé des places, ils les ont obtenues; ils voulaient venger la mort de l'infortuné Louis XVI. Eh! qui devez-vous accuser de sa mort? Qui lui a plongé le poignard dans le sein? Vous, oui, vous qui l'avez abandonné dans le malheur, vous, qui lorsqu'il était encore Roi des Français, abusiez de l'ascendant que vous aviez sur son esprit pour l'égarer; vous, qui les premiers, avez donné en France l'exemple de la corruption, le tableau de tous les vices.

Mais qu'avez-vous fait pour Louis XVIII? Ne l'avez-vous pas abandonné, comme vous abandonnâtes son malheureux frère ? N'avez-vous pas été tour-à-tour, traîtres à l'Empereur, traîtres au Roi ?...

Encore quelques instans, et la France était perdue pour jamais ; le peuple devenait esclave, les nobles puissans, et le clergé était déjà nécessaire au Roi.

Heureux ! trois fois heureux, le grand Napoléon est sur le trône ; nous verrons encore régner en France la véritable liberté, la véritable égalité, non pas cette liberté, cette égalité que l'on nous vantait dans la révolution, et que j'appelle *licence effrénée*, mais cette liberté, cette égalité qui font le bonheur du citoyen, lorsqu'il veut suivre les lois de son pays, aimer son souverain et le servir.

CHAPITRE III.

DU CLERGÉ.

Les prêtres ne sont pas ce qu'un vain peuple pense;
Notre crédulité fait toute leur science.

VOLT.

DANS tous les temps, les prêtres ont essayé de troubler les étas; et dans presque tous les temps, ils ont excité des révolutions. La confession, voilà le moyen qu'ils employaient pour s'emparer du secret des familles, et se rendre ensuite les arbitres de leurs destinées.

Autrefois les papes dictaient des lois à tous les potentats chrétiens. Si quelques-uns étaient assez sages pour mépriser le pape et ses ordonnances, à l'instant même ils se voyaient anathématisés, et les peuples ignorans et superstitieux, à l'instigation de leurs prêtres, étaient prêts à les détrôner ou à les assassiner, s'ils ne se hâtaient de se conformer aux ordres du saint Père.

L'église est mue par un principe d'égoïsme, elle rattache tout à elle, et « c'est en conséquence de ce principe que nous voyons nos prêtres presque toujours en action ; la guerre doit être en effet le véritable élément des ministres du Dieu *des armées*, la paix est pour eux un état violent et forcé, il leur faut des combats, il leur faut des persécutions, soit actives, soit passives; il leur faut des dangers pour montrer leurs grands cœurs et pour entretenir la vigilance des laïques, qui sont les soldats de la milice divine, dont les prêtres sont les chefs. Il se trouve néanmoins une petite différence entre l'armée spirituelle et les armées temporelles; dans celles-ci, les soldats sont payés, au lieu que dans la première, ce sont les soldats qui payent leurs officiers. Que dis-je? ils sont souvent récompensés de leurs entreprises guerrières, par ceux contre lesquels ils font marcher l'armée divine. Nous avons souvent vu des prêtres, zélés, intrigans et factieux, recevoir des bénéfices et des évêchés de la cour, pour récompenser l'ardeur qu'ils avaient montrée contre le gouvernement. » *Trad. de l'anglais de Thomas* GORDON.

Tant que les prêtres ont commandé en

France, les couvens ont offert un asile assuré à la paresse et souvent au libertinage; ils offraient de plus à des pères injustes et dénaturés les moyens de se défaire de ceux de leurs enfans qu'ils n'aimaient pas. Là étaient enfermées et pour jamais, d'innocentes victimes des préjugés ou de l'ambition des hommes.

Voilà des abus bien grands, sans doute; cependant on n'avait pas songé, avant Napoléon, à les faire disparaître. La révolution, en les sapant tous, en anéantissant les prêtres eux-mêmes avec leur pouvoir, n'avait rien opéré pour le bien de la nation.

Napoléon savait que la religion était nécessaire, mais il savait aussi que les prêtres abusaient souvent de leur ministère pour se rendre maîtres de la multitude et exciter des révolutions à leur gré. Il savait que ce ne fut que par le secours et la fourberie des prêtres que Hugues Capet s'empara d'un trône qui ne lui appartenait pas; il savait que le peuple, une fois excité par ses prêtres, n'écoute plus la voix de ses chefs : *Nulla res efficaciùs multitudinem regit quam superstitio, alioquì impotens, sæva, mutabilis, ubi vanâ religione capta est, meliùs vatibus quam ducibus paret.* QUINT. CURT.

Il savait enfin, qu'un état pour être bien gouverné, ne devait pas avoir deux chefs; il voulut être le seul. Les prêtres purent librement s'acquitter de toutes les fonctions de leur ministère; mais il eut toujours grand soin de les tenir éloignés des affaires; il se méfia de leurs conseils, et il fit prudemment.

Il ne voulut pas qu'on rétablît les couvens, et il eut raison. Les couvens nuisent à la population; et cependant un bon gouvernement, dans ses institutions, ne saurait avoir un autre but. Il est vrai qu'en cloîtrant trois ou quatre de ses enfans, un père *faisait*, à me servir de l'expression du temps, *une bonne maison*; mais Napoléon pensa qu'il valait mieux que quelques-uns fussent un peu moins riches, et que les autres ne fussent pas malheureux.

Quoiqu'il fût bien persuadé qu'il n'y avait qu'une seule religion de bonne, il ne voulut en proscrire aucune, parce qu'il pensait qu'il ne fallait pas chercher à renouveler les Saint-Barthelemi: d'ailleurs, il disait avec les apôtres: *In omni gente qui timet Deum, et operatur justitiam acceptus est illi. Act. des Ap.*

Et en effet, « un *Protestant*, un *Turc*, un *Guèbre*, un *Juif*, un *Chrétien* doit par-tout vivre tranquille, tant qu'il y reste paisible, la police ne doit pas même s'informer si, dans sa maison, il chante des psaumes en mauvais *français*, ou en *allemand*, ou en *anglais;* s'il fait ses ablutions en se tournant vers la Mecque; s'il adore le feu; s'il met son mouchoir sur son chapeau, et chante du *chaldéen* en faisant des grimaces. Dès que sa porte est fermée, et que l'ordre public n'est troublé par aucune de ces farces qui nourrissent sa piété, il faut respecter son erreur et son secret. » LINGUET.

Et vous, prédicateurs insensés, qui fîtes autrefois retentir vos chaires des louanges de Napoléon, comment osiez-vous, il n'y a que peu de mois, dans ces mêmes chaires, accuser le grand Napoléon d'être le persécuteur de l'église, lui qui l'a relevée; que vous ne l'aviez loué que parce que vos intérêts l'exigeaient; que jamais vous n'aviez eu dans le cœur un seul mot de ce que prononçaient vos infernales bouches? Qui forcera maintenant le peuple de vous croire, lorsque vous lui prêcherez l'évangile? Ne pensera-t-il pas que vous lui en imposez, que vous n'en croyez pas un seul mot, et que toutes vos paroles ne vous sont dictées que par votre intérêt particulier? *Qui potest in unum mentiri*, *semper mentiri potest.* Ne le pensera-t-il pas avec d'autant plus de raison, que votre conduite est en opposition directe avec les principes répandus dans le livre que vous prêchez?

Vous avez prêché la révolte contre le souverain, et l'évangile vous ordonne d'être soumis au gouvernement; vous avez été intolérans, et l'évangile vous ordonne la tolérance. Mais pourquoi s'étonner? Dans tous les temps vous avez « harangué contre le gouvernement, déclamé de la chaire contre le prince et ses ministres, quand ils n'ont point assez de déférence pour le clergé, quand ils refusent d'entrer dans ses querelles; quand ils ne sont point d'humeur à persécuter, tourmenter, emprisonner et brûler ceux qui n'ont point le bonheur de lui plaire; c'est encore bien pis, lorsqu'ils ont la témérité de *mettre la main à l'encensoir*, c'est-à-dire, quand ils ont l'impertinence de vouloir vous contenir dans les bornes du devoir, ou vous forcer de contribuer aux charges de l'état, ou toucher à vos immunités sacrées. Alors tout est perdu, le droit des gens est violé, et à force de cris et de clameurs vous cherchez à tout mettre en combustion. Vous effrayez les peuples par les menaces du courroux céleste, et souvent vous les portez à la rebellion, pour prouver que vous êtes les envoyés du *Dieu de paix.* » *Trad. d'une broch. angl. intitulée* Priestanity.

Les prêtres n'ont désiré le retour de la famille des Bourbons, que parce qu'ils espéraient que le sang de ceux qui les avaient persécutés coulerait sur les échafauds; *faites du bien même à vos ennemis*, est une maxime dont ils ne se soucient guères: *vengeance*, ce mot seul frappe agréablement leurs oreilles. *Vidi subtùs altare animas interfectorum, propter verbum Dei et propter testimonium quod habebant. Et clamabant voce magnâ, dicentes, usquequò Domine (sanctus et verus) non judicas et non vindicas sanguinem nostrum de iis qui habitant in terrâ! Apoc.* 6, 9, 10.

CHAPITRE IV.

DES LIBELLISTES.

> On ne peut empêcher les barbouilleurs de papier d'écrire des sottises ; les libraires... de les vendre ; et les laquais de les lire.
>
> *Frag. d'une lettre de Volt. à un Acad. de Berl.*

Nous avons des lois qui punissent le meurtrier et le voleur, et nous n'en avons pas encore pour réprimer l'audace et la scélératesse de ces écrivains déhontés, qui attaquent l'honneur et la réputation des hommes, sans avoir d'injure à venger.

Les Romains punissaient leurs avocats, lorsqu'ils étaient assez insensés pour défendre la cause de leurs clients par des injures et non par des raisons.

Agant (advocati) quod causa desiderat, temperent se ab injuriâ, nam si quis tam adeo procax fuerit, ut non ratione, sed probris putat esse certandum, opinionis suæ immunitionem patietur. L. 6, §. 1, *ff. de Post.*

Pourquoi de semblables lois ne sont-elles pas portées contre les libellistes, dont le nombre et les excès s'accroissent tous les jours?

La révolution qui s'est passée sous nos yeux, a donné lieu à une foule de libelles qui déshonoraient leurs auteurs, sans atteindre jusqu'à celui qu'on voulait diffamer; car, *non magis lædunt injuriæ quàm aquæ pluviales fungum*, mais dont la circulation aurait été empêchée dans un gouvernement ami de la vérité et des grands hommes.

La plupart ne sont que de froides amplifications qui ne peuvent plaire qu'à des gens dépourvus de sens. Que signifient en effet les *vœux prophétiques de l'abbé Delille!* Ce ne sont là que des idées pillées, cousues sans ordre ni méthode, et déclamées avec amphase.

Que signifient l'*Agonie d'un sénateur*, le *Petit Homme Rouge*, le *Petit Voyage du Grand Homme*? etc. etc.

Que signifient enfin ces mille et une brochures que les oisifs ont lu, et où l'on ne trouve qu'une ironie dégoûtante, des mensonges et des erreurs de toute espèce! Je n'entreprendrai pas d'en faire la critique; parce qu'il « faut laisser dans l'oubli les auteurs.... qui attaquent, de nos jours, ce que nous avons de meilleur, qui louent ce que nous avons de plus mauvais, et qui font de la noble profession des lettres un métier aussi lâche et aussi méprisable qu'eux-mêmes. » *Mélang. de littér.*, *ch.* 47, *contre le test. de C. R.*

J'ai lu avec étonnement une brochure ayant pour titre : *De Buonaparte et des Bourbons.* Ce ne sont pas les fautes de toute espèce qui se font remarquer dans cette pitoyable production, qui ont causé ma surprise; je savais que M. Châteaubriand manquait de logique, tous ses écrits le prouvent; je savais aussi que son style était néologique, incorrect et souvent diffus, tous ses écrits le prouvent; mais ce que j'ignorais, ce que j'étais même loin de soupçonner, c'est sa lâcheté, qui l'a fait s'abaisser, jusqu'à dire les injures les plus grossières et les plus *bêtes*, à un homme qu'il encensa si souvent, et qu'il appelait le sauveur des nations, le héros de l'univers, etc.

Je méprise un écrivain qui prostitue sa plume à quiconque le paie.

M. Châteaubriand n'a sans doute insulté

à Napoléon détrôné, que parce qu'il espérait que le nouveau maître le récompenserait comme le défenseur de la cause de sa famille. Chose étonnante! Il ne s'est pas trompé dans son espoir : Louis a satisfait la sale cupidité d'un bas flatteur, d'un lâche courtisan.

Mais pourquoi s'étonner de voir M. Châteaubriand soutenir indifféremment et le vrai et le faux, suivant que ses intérêts l'exigent? Sa conduite ne fut-elle pas toujours équivoque, et l'histoire de sa vie ne nous prouve-t-elle pas, d'une manière assez évidente, qu'il n'eut jamais pour but la recherche de la vérité, la gloire de la religion chrétienne, mais seulement de se faire une réputation?

En effet, il se fit d'abord connaître par un mauvais ouvrage, dans lequel il embrassait la cause et les opinions des philosophes du dix-huitième siècle; mais s'apercevant bientôt qu'il était confondu dans la foule de ces jeunes auteurs, qui prennent pour du talent une envie démesurée d'écrire, désespérant d'atteindre jamais à la réputation des Voltaire, Rousseau, Helvétius, etc., il crut qu'il fallait ruiner la réputation de ces grands hommes pour établir la sienne. Il publia donc le *Génie du Christianisme*, puis *les Martyrs....* Oh! non, ce ne sont pas des sentimens religieux qui ont porté M. Châteaubriand à entreprendre des voyages, à faire des livres. Vainement il nous dit quelque part, « qu'il sera peut-être le dernier français sorti de son pays pour voyager en terre sainte avec les idées, le but et les sentimens d'un ancien pélerin. » Je suis loin de le croire; *sa voix se perd dans le silence du désert.*

Mme de Staël-Holstein, Bergasse et Barruel, abbé, ont aussi pris la plume dans des circonstances où ils auraient dû craindre de rappeler à notre souvenir, les turpitudes et les sottises qui ont marqué chaque pas de leur vie.

Mme de Staël, avec quelques talens, fut une intrigante, une ...., qui sut, pendant la révolution, se faire haïr de tous les partis: « Repoussée par les républicains et par les royalistes, l'opinion commune en France la place dans le parti qui voulait une monarchie constitutionnelle, et peut-être un changement de dynastie. » *B. M.*

Elle inspirait les principaux du cercle constitutionnel, qui se forma sous la protection du directoire. Elle fut ensuite liée d'amitié avec un Suisse, appelé *Benjamin*

Constant, et quelques autres personnages de l'opposition; c'est ainsi qu'elle se rendit suspecte au gouvernement consulaire, etc. etc.

En publiant des brochures, elle espère aujourd'hui sans doute réhabiliter sa réputation; et en se prononçant pour le Roi, elle espère faire oublier ses inconséquences, ses cabales, ses erreurs. Elle se trompe; la laideur de ses traits perce à travers le masque dont elle se couvre.

Bergasse a montré, dans toutes les circonstances de sa vie, de la pusillanimité, de la faiblesse. Etre absolument nul aux états-généraux, il voulait ne paraître tenir à aucun parti, afin de pouvoir au besoin se ranger du côté du plus fort; on sait « que toujours il siégeait au fond de la salle, évitant de se mêler soit au côté droit, soit au côté gauche. » *B. M.* Quel prix doit-on attacher à l'opinion d'un tel homme?

J'aime mieux celui qui se prononce pour un parti, que celui qui n'en veut embrasser aucun. Je me méfie du premier, ou je me confie à lui; le second est toujours prêt à me nuire, ou à embrasser ma cause, suivant que ses intérêts l'exigeront.

Barruel, abbé, veut créer encore des Jacobins, afin de les persécuter; le pauvre homme! Il a cherché à nous rappeler qu'il avait autrefois publié des *Mémoires sur le Jacobinisme!*

M. l'Abbé, soyez un peu plus tolérant; si c'est par zèle pour le bien de l'état que vous écrivez des libelles, rappelez-vous que pour le bien des états, il ne faut pas que tout ce qui est prêtre s'immisce dans leurs affaires; si c'est par zèle pour la religion, rappelez-vous que cette religion vous défend de calomnier, vous ordonne de pardonner à vos ennemis, vous fait enfin un devoir de pratiquer mille vertus que vous n'avez pas.

Lâches courtisans, plats écrivains, vous avez reçu les récompenses qui devaient vous être décernées, par des hommes bien dignes d'être loués par vous; c'est tout ce que vous pouvez espérer; la génération présente vous méprise, et vos noms ne seront transmis à la postérité que couverts de honte et d'opprobre.

CHAPITRE V.

DES TRAITRES.

Ingrats, monstres que la nature
A pétris d'une fange impure,
Qu'elle dédaigna d'animer,
Il manque à votre ame sauvage,
Des humains le plus beau partage :
Vous n'avez pas le don d'aimer.

Ode sur l'ing. VOLT.

UN traître est, de tous les hommes, le plus vil. Une trahison suppose, dans celui qui l'a faite, une ame capable de commettre tous les crimes.

M......, A......., et vous, D....., les remords cuisans ne déchirent-ils pas vos consciences?..... Encore quelques années, c'est alors que, sur les bords de la tombe prête à vous engloutir, vous détesterez vos crimes, vous maudirez l'instant qui vous vit naître. Mais en vain la divinité rejetera ce tardif repentir, vos descendans vous maudiront. Vos enfans ne prononceront vos noms qu'avec horreur.

Vous, M....., que de grands talens militaires, que de brillantes campagnes avaient couvert de gloire, fallait-il donc, sur la fin de votre carrière, vous déshonorer par une lâche trahison? N'était-ce pas à Napoléon que vous deviez votre fortune et les honneurs que vous avez obtenus? Ne vous a-t-il pas, dans tous les temps, donné les marques de la plus grande confiance?... Vous en avez indignement abusé!... Dans les derniers instans de son règne, il vous a confié la garde de Paris; il vous avait dit de soutenir l'attaque des ennemis avec votre valeur ordinaire; qu'en peu d'heures il serait à votre secours, et que l'armée des Alliés serait défaite. Lorsque Napoléon avait promis la victoire, on était assuré de l'obtenir. Avez-vous secondé ses projets? N'avez-vous pas déshonoré la France, en vous déshonorant vous-même?....

Mais vous avez poussé le crime et la trahison plus loin encore: lorsque vous l'avez eu trahi devant Paris, vous êtes venu le rejoindre avec quelques troupes! Vous avez justifié votre conduite, ou mieux vous lui en avez imposé; et ce grand homme, qui vous supposait des sentimens généreux, vous a confié encore le commandement d'une partie de la petite armée qui lui restait; vous l'avez accepté, vous avez marché l'un et l'autre sur Paris.... Et vous l'avez trahi, pour la seconde fois, de la manière la plus odieuse!...

Vous avez corrompu tous les dons précieux,
Que pour un autre usage ont mis en vous les dieux;
Courage, adresse, esprit, grace, fierté sublime;
Tout dans votre ame aveugle est l'instrument du crime.

Rome sauvée, *Act. I.er*

A.... s'est élevé par ses propres forces. Né d'un artisan de Paris, il s'engagea dans les troupes Napolitaines, et y servit comme soldat jusqu'en 1787. Ce fut à cette époque qu'il s'établit à Naples comme maître d'armes. Il y resta jusqu'en 1792, et, renvoyé en France avec le reste de ses compatriotes, il prit du service dans l'armée d'Italie. Son courage et son adresse lui firent faire son chemin rapidement, et il « a montré, dans toutes les occasions, le talent d'un excellent général divisionnaire; mais l'opinion générale était que le défaut d'instruction et de grandes vues le rendait peu propre à commander en chef. » *B. M.*

Il mérita cependant l'estime et la confiance

de Napoléon qui l'éleva aux grandes dignités de l'Empire, et lui confia la défense de Lyon dans ces dernières guerres ; mais tous ces bienfaits ont été payés de la plus noire ingratitude, de la plus lâche trahison.

Les ennemis menaçaient Lyon, et Lyon ne pouvait leur opposer ni troupes, ni canons; on avait eu soin de tout éloigner. Une garde nationale s'organisait avec lenteur; on proposait de former des corps francs, et rien ne s'effectuait. Les Lyonnais, amis de leur Souverain et de l'honneur de la Patrie, tremblaient, gémissaient : A.... arrive. Il est reçu au bruit des acclamations ; on croit voir un sauveur... Mais que fera A....! Il n'a pas un seul homme à commander. A l'instant même il part pour Valence, y rencontre des troupes que l'on envoyait d'Espagne ; revient à la hâte, repousse les ennemis qui étaient en petit nombre aux portes de Lyon. Ses forces s'augmentent tous les jours, des corps de nouvelle levée arrivent de toutes parts, de vieilles troupes nous arrivent encore d'Espagne : A.... a plus de trente mille hommes à commander. Il bat les ennemis : Lyon est tranquille. Tout-à-coup on répand le bruit que l'ennemi n'est plus qu'à quelques lieues : on ne veut pas le croire. Deux heures après on entend gronder le canon sur les hauteurs qui dominent la ville ; les Français sont repoussés ; on se bat aux portes de Vaise, la nuit survient. A.... en profite pour opérer sa retraite, et le lendemain les troupes ennemies font leur entrée dans Lyon. Sans perdre de temps, elles se mettent à la poursuite de l'armée française, et, sans perdre de temps aussi, A.... recule jusques au-delà de l'Isère.

Si A.... n'est pas un traître, sa conduite prouve au moins sa lâcheté et son ignorance. Il a constamment occupé les plus belles positions militaires, depuis Châlons jusqu'à Lyon ; et constamment il s'en est laissé chasser. Il n'a jamais déployé toutes ses forces, puisque à peine la moitié de son corps d'armée s'est battue, et il pouvait, après avoir quitté Lyon, tenir encore dans Vienne : il ne l'a pas fait.

Bien de gens me diront : A...., en ne faisant pas une plus longue résistance, a épargné le sang des soldats, a préservé Lyon du pillage. Et moi je dis, que A.... devait tenir dans Lyon, au moins jusqu'à la prise de Paris ; c'est ainsi qu'il aurait sauvé l'honneur du nom français, et il n'aurait pas, comme on le dit, fait inutilement verser le sang de ses soldats. On ajoutera, mais comment tenir dans une ville dégarnie de toute espèce de fortifications? Eh! n'a-t-on pas eu le temps de la fortifier? Pourquoi ne pas employer cette brave jeunesse, qui plusieurs fois a offert ses services et a constamment été refusée?

Et vous D.... qui n'avez pas rougi d'imprimer que *vous aviez sourdement aiguisé les poignards, que le tyran avait mis en vos mains, pour l'en percer;* vous n'êtes pas encore mort de honte!

A quoi bon récapituler vos forfaits; vous vous en faites une gloire, vous les avouez vous-même!... Mais passerai-je sous silence ces orgies dont vous étiez l'ame et le chef, et qui faisaient frémir les hommes vertueux. Avant l'abdication forcée du souverain légitime, ne vous a-t-on pas vu proclamer dans votre ville le nouveau Roi? Entouré de quelques factieux, escorté par les ennemis de la France, vous criez *vive le Roi*, dans une ville où, à chaque pas, on trouve des marques de la libéralité et de la grandeur de Napoléon; dans une ville où, quelques jours auparavant, on vous entendait faire l'éloge de l'Empereur.

M....., dont la vie fut toujours si glorieuse, M..... s'est déshonoré pour jamais à ses derniers instans. Je ne veux pas examiner ici, si Napoléon eût des torts à son égard; ce n'est pas ce qu'il est important d'éclaircir. Ce qu'il y a de très-sûr, c'est que la France n'en avait aucun envers lui; et, quoiqu'il fût exilé, son nom n'était prononcé qu'avec respect, ses belles actions étaient loin d'être oubliées. On a dit, qu'importait à M.... l'estime et même l'admiration des Français, lorsqu'il était exilé, lorsqu'il n'avait aucune part aux honneurs que décernait le Souverain de la France! C'est là une réflexion qui ne peut venir que d'un homme ordinaire, les grands hommes ne pensent pas ainsi. Combien de héros, exilés d'Athènes et de Rome, ne portèrent jamais les armes contre leur patrie, et trouvèrent dans leurs vertus, dans leur grandeur d'ame, les moyens d'oublier une injustice!

Mais je veux supposer que Napoléon eût des torts envers M....; fallait-il pour se venger qu'il servît de tous ses talens les ennemis de sa patrie?... Le Ciel juste juge des mortels, en ne permettant pas qu'il vît la fin de son abominable ouvrage, semble avoir donné un avertissement à tous les lâches, à tous les traîtres.

B..... et vingt autres encore pourraient ici trouver leur place ; mais il suffira de répéter les paroles du Grand Napoléon, pour confondre les lâches et les traîtres.

« Du fruit de mes victoires j'ai élevé des trônes, où j'ai placé des hommes qui maintenant m'abandonnent. »

Vous, Souverains de Bavière, de Vurtzbourg, etc., qui l'avez lâchement abandonné, vous ne vous souteniez que par lui, vous ne brilliez que de son éclat ; encore quelques instans, et vous allez rentrer dans la poussière ; le colosse du Nord saura vous faire disparaître.

CHAPITRE VI.

DU ROI.

On n'exige pas qu'un souverain dise des choses mémorables, mais qu'il en fasse.

Essai sur l'Hist. génér., *ch.* 197.

CHAPITRE VII.

DES PUISSANCES ALLIÉES.

De tant de nations, en est-il une qui puisse se vanter de renfermer dans son sein un pareil nombre d'officiers tels que les nôtres ? Quelquefois ailleurs on sert pour faire sa fortune ; et parmi nous on prodigue la sienne pour servir. Ailleurs on trafique de son sang avec des maîtres étrangers ; ici on brûle de donner sa vie pour son Roi : là on marche, parce qu'on est payé ; ici on vole à la mort pour être regardé de son maître ; et l'honneur a toujours fait de plus grandes choses que l'intérêt.

VOLT. Eloge funèb. des Officiers français.

TOUTE l'Europe s'est liguée contre Napoléon, et Napoléon aurait résisté à toute l'Europe, s'il n'avait pas été trahi. La France allait devenir la première nation de l'univers, et les puissances alliées, en l'envahissant, n'ont pas fait une action qui soit digne d'admiration.

Y a-t-il en effet quelque chose de bien étonnant de voir près de deux millions d'hommes s'emparer d'un pays que 400,000 hommes au plus défendent? Non; mais le beau, le sublime, c'est d'avoir vu ces 400,000 hommes faire trembler, chanceller même leurs nombreux ennemis.

L'armée des Alliés se composait d'Anglais, de Russes, de Prussiens, d'Autrichiens, de Hongrois, de Saxons, de Bavarois, on peut même dire d'Espagnols, etc. La postérité croira-t-elle bien que toutes ces nations se sont liguées par les ordres d'une seule; croira-t-elle que, dans la conquête de la France, chacune avait un but différent, et que quelques-unes même n'en avaient aucun?

L'Angleterre, voilà le moteur principal de ces immenses armées; ses projets sont connus. L'Empereur de Russie se battait pour sa gloire. Le Roi de Prusse, toujours du parti le plus fort, se battait pour conserver ses états. L'Empereur d'Allemagne voulait diminuer la puissance de son gendre, et le mettre dans l'impossibilité de retourner à Vienne. Les Espagnols se battaient pour conserver leur pays, ils avaient raison. Mais les Saxons, les Bavarois, pourquoi se battaient-ils; pourquoi ont-ils lâchement trahi le protecteur de la Confédération du Rhin? qu'espéraient-ils devenir en n'étant plus ses tributaires? Quelles plaintes pouvaient-ils former contre Napoléon? Ne les a-t-il pas toujours traités comme les Français; n'a-t-il pas fait fleurir chez eux le commerce et les arts; ne leur préparait-il pas dans l'avenir une indépendance absolue?

C'est ainsi que ces diverses nations s'avançaient vers la France. Napoléon, qui entendait les plaintes de son peuple, demanda la paix, et ne put l'obtenir. Jamais il ne la refusa à ces mêmes hommes qu'il avait si souvent battus. Ils imposaient des conditions si dures, que raisonnablement on ne pouvait les accepter; et lorsqu'enfin, fatigué par les cris et même par les menaces d'un peuple inconstant, Napoléon se soumit à toutes les conditions qu'on voulait lui imposer, ces puissances alliées usèrent de mauvaise foi, elles tergiversèrent, et l'on substitua, à *l'adhésion pure et simple de Napoléon*, des conditions fabriquées, et qu'on dit être les seules qu'il voulut accepter. Infâme trahison!

Enfin la France est envahie. L'Angleterre alors nous présente un Roi. L'Empereur de Russie s'empare de la Pologne pour son frère Constantin. Le Roi de Prusse retourne dans ses états, pour y tramer encore des trahisons. Les Espagnols, qui croyaient vivre en paix, sont livrés à toutes les horreurs des guerres civiles; on leur renvoie leurs moines et leurs inquisiteurs, un Roi qui fait des sottises à chaque pas; comment pourraient-ils être heureux! Les Saxons, les Bavarois rentrent chez eux, où ils ne tarderont pas à trouver la misère et l'esclavage. L'Empereur d'Allemagne, honteux d'avoir été trompé d'une manière aussi odieuse, accablé par le chagrin d'avoir détrôné son gendre, sa fille et son petit-fils, va sans doute chercher à venger son injure; et les Français, forcés de recevoir le Roi que les Anglais leur ont envoyé, se contentaient de gémir, et attendaient avec impatience que Napoléon vînt mettre fin à leurs maux.

CHAPITRE VIII.

DU RETOUR DE NAPOLÉON EN FRANCE.

Les arrêts du destin trompent souvent notre ame ;
Il conduit les mortels , il dirige leurs pas ,
Par des chemins secrets qu'ils ne connaissent pas ;
Il plonge dans l'abîme et bientôt en retire ;
Il accable de fers , il élève à l'empire ;
Il fait trouver la vie au milieu des tombeaux.

Oreste, *Act. IV.*

Nous regrettions Napoléon et son Empire : le règne des Bourbons tous les jours augmentait nos regrets. Nous étions sur le point de devenir esclaves : les nobles et les prêtres s'étaient emparés de la personne du Roi, il n'agissait que d'après leur conseil ; les intérêts du peuple étaient oubliés ; nos plaintes et nos cris ne pouvaient pas arriver jusqu'au trône. Le magnanime Souverain de l'île d'Elbe les a entendus , son cœur a été ému , il a surmonté tous les obstacles dont on l'avait entouré; il est venu, à travers les périls et les dangers de toute espèce, rendre à la France sa liberté, son bonheur et son ancienne gloire.

Le voyage de Napoléon, depuis l'îled'El be jusqu'à Paris, n'a été qu'une marche triomphale; par-tout il a été reçu aux acclamations d'un peuple heureux de le revoir; les braves militaires, qu'on envoyait à sa rencontre pour le repousser, criaient : *Vive l'Empereur* en le voyant, et arboraient le drapeau tricolore, épouvantail de tous les ennemis de la France et de la liberté.

Grenoble lui a ouvert ses portes, un peuple nombreux et fidèle l'a reçu avec empressement; il a traversé le Dauphiné, et par-tout il a trouvé des sujets fidèles, des enfans, des soldats: c'est ainsi qu'il est arrivé aux portes de Lyon. Le frère du Roi qui y commandait, a essayé, par toutes sortes de moyens, de séduire les soldats et le peuple; il a peint le grand Napoléon, comme un homme qui violait la foi des sermens, et venait, escorté de quelques brigands, allumer la guerre civile en France. Tous ses moyens de persuasion ont été inutiles; les soldats ont refusé d'obéir, et le peuple a crié *vive l'Empereur!*

Le comte d'Artois a cependant tenté quelques moyens de défense: il a fait barricader les ponts jetés sur le Rhône, il a envoyé quelques bataillons à la découverte. Inutiles précautions! les bataillons ne sont pas revenus, ils se sont joints à leurs braves frères d'armes; et le peuple lui-même, de concert avec les soldats, a renversé les barricades..... Le comte d'Artois a disparu.

Napoléon revoit enfin cette ville fidèle. Un peuple immense se porte à sa rencontre; la joie et le bonheur se peignent sur toutes les figures : il est accueilli au bruit des acclamations mille fois répétées de *vive l'Empereur*, *vive le sauveur de la France!*

Il séjourna deux jours à Lyon, passa en revue les braves qui y arrivaient de toutes parts, jouit du contentement et du bonheur de tout le peuple, et le quitta en disant: *Lyonnais, je vous aime!* Que ces mots me semblent expressifs dans la bouche du grand, de l'immortel Napoléon!

L'Empereur est entré dans sa capitale le 20 mars, comme il était entré dans Grenoble et dans Lyon; par-tout il a excité les cris de l'admiration et de la joie, les armes des braves qui le suivaient ont été inutiles.

La France était paisible, les Bourbons allaient être oubliés, lorsqu'un peuple, dont la tête s'exalte aisément, mais ne réfléchit jamais, a allumé les torches de la guerre civile ; le duc d'Angoulême favorisait ses mouvemens, fomentait les feux qui devaient nous dévorer. Quelle espérance avait-il pu concevoir ?.... Pensait-il renverser de son trône l'invincible Napoléon, lorsque vingt-quatre millions de Français venaient de renouveler leur serment de fidélité ?.... Comptait-il encore sur les traîtres ?... Il en existe, mais ils sont connus; tous leurs projets doivent échouer.

Braves amis de Napoléon, vous vous êtes montrés, vous avez pris les armes, les ennemis de la France et de la liberté ont tremblé, ils ont abandonné leurs folles prétentions.

Français, que l'amour de la patrie et du Souverain anime, veillons à leur salut. Si des factieux osent encore se montrer, si des assassins aiguisent leurs poignards, si les dangers se multiplient, nous multiplierons aussi les moyens de les éloigner. Des traîtres appellent à grands cris les ennemis de la France ; mais que nous importe ! ces mêmes ennemis que la trahison fit entrer dans notre patrie, y trouveraient aujourd'hui leurs tombeaux. Tous les français sont soldats!....

VIVE L'EMPEREUR!

VIVE LA LIBERTÉ!

FIN.

ERRATA.

Pag. 21, lig. 18: *après* lui qui l'a relevée; *lisez* comment osiez-vous dire, etc.

www.ingramcontent.com/pod-product-compliance
Ingram Content Group UK Ltd.
Pitfield, Milton Keynes, MK11 3LW, UK
UKHW020402220726
13923UKWH00004B/1699